JJ/CC

OTROS POEMARIOS DE JESÚS J. BARQUET (JJ):

Sin decir el mar (Poemas 1971-1978) (Madrid, 1981)
Sagradas herejías (elegías) (Miami, 1985)
Ícaro (Nueva Orleáns, 1985)
Un no rompido sueño (Santo Domingo, 1994)
El Libro del desterrado (Chihuahua, 1994)
El Libro de los héroes (Santo Domingo, 1994)
Naufragios/Shipwrecks (Chihuahua-Las Cruces, 1998 y 2001)
Sin fecha de extinción (Diario y manual de guerra y resurrección)
(Chihuahua, 2004)
Cuerpos del delirio (Sumario poético 1971-2008) (La Habana, 2010)

OTROS POEMARIOS DE CARLOTA CAULFIELD (CC):

Fanaím (San Francisco, 1984)
34th Street and other poems (Nueva York, 1987)
Oscuridad divina/Oscurità divina (Madrid-Pisa, 1987 y 1990)
Angel Dust/Polvo de ángel/Polvere d'angelo (Madrid, 1990)
*A las puertas del papel con amoroso fuego/At the Paper Gates with
Burning Desire* (Oakland, 2000)
Autorretrato en ojo ajeno (Madrid, 2001)
Movimientos metálicos para juguetes abandonados (Tenerife, 2003)
*The Book of Giulio Camillo/El libro de Giulio Camillo/Il libro de
Giulio Camillo* (Oakland, 2003)
Quincunce/Quincunx (Barcelona-Las Cruces, 2001 y 2004)
A Mapmaker's Diary. Selected Poems (Buffalo, 2007)

JESÚS J. BARQUET
CARLOTA CAULFIELD

JJ/CC

Ediciones La Mirada
Las Cruces, Nuevo México
Estados Unidos de América
2014

ISBN: 978-0-9911325-1-5

Ilustración de cubierta: S.G., a partir de los "Retratos de Giovanni II Bentivoglio y su esposa Ginevra" (c. 1480), del pintor italiano Ercole de' Roberti (c. 1450-1496), National Gallery of Art (Colección de Samuel H. Kress), Washington DC.

AGRADECIMIENTOS:

JJ: A la revista *Casa de las Américas* (274, 2014) por publicar "Trenes" y "Calles"; a la revista *Contratiempo* (81, 2011) por publicar "Palabras"; a la revista *Caribe* (12.1, 2009) por publicar "Puntos cardinales" y "Autorretrato"; y a las revistas electrónicas *Tiempo de Hibernación* (2012, tiempodehibernacion.wordpress.com) por incluir "Trenes", y *Asfaltura* (2012, asfaltura.blogspot.com) por incluir "Instantánea".

CC: A la revista *Arenas Blancas* (9, 2008) por publicar "Café matutino", "Rostros", "Tablero de damas", "Sopera antigua", "Sobres" y "Frutero"; y a *Cerise Press. A Journal of Literature, Arts & Culture* (3.7, 2011, cerisepress.com) por incluir una selección en español e inglés de "Flashes (après Reverdy)" en un dossier dedicado a la autora. Bajo el título "Dwellings", una selección de *Moradas* fue incluida en *Anthology. The International PEN Club, Writers in Exile* en el verano del 2010.

Ediciones La Mirada
jbarquet@gmail.com

Jesús J. Barquet

Refugios Cotidianos

y la verdadera vida viene a ser
como corriente silenciosa que se desliza invisible.
José Martí

CAMINO

No parece que siga un rumbo
la vida.
        Hasta esos años
que logran conducirla
en una dirección
no se atreven nunca a definirle
un camino:
resultan sólo un desvío que se prolonga
demasiado,
un escalón más, un desgaste,
tal vez la vida misma,
sin ser en realidad el camino.

Vive el cuerpo obligado
a una y a otra trayectoria,
pero el alma —ondulante
saeta cuya diana
transcurre siempre en otro sitio—
no arrastra obligaciones
y osada va a lo que la busca
sin que podamos
muchas veces,
en vida,
acompañarla.

CALLES

long I stood
and looked down one as far as I could.

Robert Frost

Hay calles que no conozco
pero que se entrecruzan a mi paso,
sin obstruirlo.

Alguna vez, sin prisa,
sucede que me detengo en una
intersección cualquiera
y contemplo esas calles
larga, inquisitivamente
para saber qué habrían sido.
Las veo allí con árboles a cada lado
como invitando a sombra y a recreo,
o sin amparo desiertas bajo el sol y la lluvia
haciendo como un recodo intempestivo al fondo
que se oculta a mis ojos,
o con letreros, signos
que nunca alcanzo a leer
y que todavía insisten en mostrarme
no sé cuántas cosas
                            —alguna calle
tal vez hasta se arriesgue
en un rodeo más íntimo
sólo para resurgir inédita
un centenar de metros más adelante
pero, ¿cómo podría yo desde aquí saberlo?

En cada cruce las veo, no se ocultan, interrogan
con su silencio mis pasos.
Me digo entonces que es muy tarde ya
para atreverme a andarlas,
que debería bastarme
con saber que aún existen.
Y sin obstruirlo reemprendo
siempre
       mi camino.

TRENES

para Rafa, sumido

Y pasan antes de que pasen.
Gabriela Mistral

Trenes, que pasan.
A horarios definidos que alguien cuida, revisa,
registra en algún libro sin futuro, porque, ¿quién
querrá después saber de sus tardanzas, sus adictos
incumplimientos, sus salidas y llegadas diarias,
sus sindicalizados maquinistas?

Para los que no vamos en tren al trabajo o a una cita del médico,
nuestro asombro es que pase sin avisar cuando quiera,
o que se anuncie en el momento exacto en que sucede
su ferruginosa visión de bisonte sañudo
empañando de ruidos
el fílmico paisaje de ventanillas borrosas
donde sospechamos que habitan tantos ojos
desplazados, huidizos, inconformes,
sin órbita que llamar de suya,
y que hacen del tren sus piernas, sus humores, el refugio
provisional de sus pasos.
                    ¿Adónde van esos trenes
cargados de tanta misericordia negada
por el mundo? ¿Acaso algún libro les ha indicado parar
en qué minuto, en qué sitio donde la vida sería
tal vez diferente?
        (A veces, para saberlo,
hasta quisiera irme con ellos.)

Pero más sabios, los trenes
viven
de irrumpir imprevistos, no detenerse
y obnubilarnos la vista y el oído de tal forma
que olvidamos los años en que fuimos
también sus pasajeros.
Saben y nos dejan vivir del mito
de sus humos y sus belfos,
pero sin darnos tiempo ya para abordarlos
de nuevo.
Sabios trenes, que pasan,
no esperan
y entregan sólo el tardo consuelo de su cómplice
maravilla.

LLUVIAS

la idea de sacarme los zapatos y
que se me secaran las medias.
Julio Cortázar

Las oímos, las vemos, aprendimos de niño
sus razones o, mejor dicho, sus causas.
Sabemos que son beneficiosas
al maíz y al ganado,
que limpian incluso la ciudad
—la desempolvan, le calman el calor—,
y que ante todo una lútea
turbación compartida
las hace el trasfondo ideal para el sexo —eso
no lo aprendimos en la escuela,
sino un poco más tarde.

Pero
qué mucho nos molestan cuando obstruyen
un proyecto que hayamos gloriosamente urdido,
una estancia en la playa, una cita azarosa
con aquello que iba a cambiarnos
para siempre la vida.
                              Entonces,
nos importa un rábano el cultivo
del algodón y la caña y los nogales sin nueces;
un bledo las represas vacías y las fotos de la tierra
cuarteada
bajo las reses exhaustas por la inerte sequía.
Y sin pensarlo dos veces no paramos
de insultar a la lluvia:

                    Entrometida Hija
de la Gran Puta, Caprichosa Aguafiestas, Aguacero
Cabrón que sólo sabe caérsenos encima
de sorpresa
                    y cancelar
hasta el fondo lustral de los zapatos
lo que según ciertas causas o, mejor dicho, razones
parecía que fuese la vida que llaman verdadera.

INSTANTÁNEA

Difícil conocerlos:
dos creyones de peces
asaz multicolores
que se dejan mirar.

¿Azules como el cielo
de los lejanos mundos
en los ojos de alguien?
¿O son acaso verdes
como el cielo remoto
en los ojos del mar?

No hay forma de saberlo.

VIDA

Quizás exista una frase que redondee el camino,
tal vez exista un camino alrededor de esa frase,
pero "así es la Vida", escuchamos:
flashes, saltos de agua, espumas
que chisporrotean y alumbran
fugazmente e insuflan
un trozo de respiro casi asmático,
un gesto indócil que alguien archivó
sin querer o queriendo, como cuando
se endereza una luz, mas momentánea-
mente: translúcido destello,
casi gaseoso,
que expira aun antes de iniciarse...

    Y la creemos
la más confiable fuente
de caricias o rastros que podrían
definirnos mejor.
    Y le decimos
a ese alud de ardides luminosos y abruptos
"la Vida",
        así
con mayúscula de efecto por aquello
que haya sembrado
o desenterrado en nosotros
toda esperanza y afecto, toda
prometida perdiz…

Pues de no hacerlo aquí, con las letras
mayores del sonido,
sería como habituarse a habitar un irresuelto,
entrometido punto final.

Ay,

si hubiera, al final, como en suspenso, una frase
que redondeara el camino.
Ay, si lo encontrara: el camino
que existe alrededor de esa frase
suspensiva.

SURFISTAS

para Elia

El sello de la grandeza es ese triunfo.
José Martí

Me gusta ver las olas y a los surfistas
salir de sus remolinos inclementes
sobre esa tabla de fe en que el equilibrio
es más que una acrobacia de ligereza
      y gravedad.

Me gusta verlos triunfar desde un madero
al que nada los une, salvo unos pies
como de Cristo andando sobre las aguas
majestuosas a pesar de su revuelta
      brutalidad.

PALOMAS

Vienen si hay pan;
pero si no hay, también vienen
más agresivas aún por conseguir
lo que les falta,
               y sus graznidos
nos insultan culpándonos
por lo que de cierta forma
nos sobra.

Ellas son muchas; nosotros, unos pocos.
Y amenazantes nos acorralan
entre ruidosas paredes de vuelos rasos
y el azoro de plumas coléricas
que acaban, como ripios, exhaustas
a nuestros pies.

Vanamente entonces,
metemos la mano en el bolsillo
esperando encontrar unas migas dispersas,
un rezagado par de monedas, una lluvia
imprevista que las espante y nos deje el camino
despejado o "más limpio", como dicen algunos.

Sin entenderlas del todo,
al día siguiente y en otros por venir,
inevitables volvemos a pasearnos
por la misma plaza y a igual hora,
siempre sin pan ni culpa en nuestras
mejores intenciones.

PALABRAS

para Tereza, que también las ama

No, no mueren las palabras.
A veces, sí, se nos pierden,
se transparentan o esfuman
de la vista,
se esconden o prefieren
refugiarse en sus pares;
y creemos que han muerto,
que si buscamos aquí o allá
sólo hallaremos sus ruinas
dispersas, huecos
sonidos sordos,
ciegos susurros,
nada.

Y cambiamos el tema: encendemos
la radio, ideamos un viaje
o llamamos a un amigo de infancia
para quejarnos del clima,
del presidente de turno,
de un malestar pasajero.
Pero nada le decimos, jamás,
de las palabras —incluso
las que usamos con él
se nos antojan cobardes
desertoras, calladas
cómplices de una traición
intrusa, endebles
columnas aún en pie
de una hecatombe

que no experimentamos
ni tampoco pudimos
prevenir.

Y luego,
cualquier noche después,
como un amor que vuelve
o un bello cuerpo en entrega,
regresan
           las palabras,
inéditas, sonrientes,
como si nunca se nos hubiesen
malogrado.

No, no mueren las palabras.
Sólo nos dejan saber, a veces, cuánto
las necesitamos.

FRAGUA

Ya me diste la voz:
Con ella aciaga,
¡que la palabra se haga!

La música no falte:
Rumor de lluvia
y, en la fragua, la gubia.

POESÍA

A la falaz
    común
    vulgar
    gentil pregunta
de para qué sirve la poesía,
podría responder
que son poquísimas
las cosas para las cuales
    no sirve
    aún
la poesía.

ESTACIONES

(verano)

Renace el sol, callado:
ola que orilla
yodo a la arena.

(otoño)

Camino y mis pies crujen
del amarillo
temblor de tu árbol.

De pronto una luz gris
que se abre cauta
rumbo a la alcoba.

(invierno)

Derrítese la nieve
real del verso
ante tus trazos.

(primavera)

Mis manos cóncavas:
la sátira turgencia
de tu calzón.

Ríspido y rápido
rito, cual aquelarre
de tu rigor.

Rijosa rambla rútila,
tu terciopelo
abrigador.

(verano)

Como un abrazo,
tu amargo y dulce azufre
sobre mi piel:

De fuego escamas
—fuego es la cama—
fuego en mis brazos, es.

Fuego que abraza
—fuego que abrazo—
braza entre brasas, es.

(otoño)

Crujiente pátina
salada, el satisfecho
raudo licor.

La lluvia al fondo
—rumor amigo—
miedo no deja en paz.

(invierno)

Cíclico miedo
que espolvorea
tu nieve en mi hoja en blanco.

GUERRA

(iluminado por el fuego)

No conozco la guerra:
sólo la he visto en filmes,
aunque mi propia vida no sea más
que uno de sus efectos.

Me he atrevido, sin embargo, a juzgarla:
culpar a los humanos
que con cualquier excusa
exigen nuestros vítores y aplausos
por los supuestos triunfos de una Idea,
una Fe, una Nación
que nunca he visto consumarse.

Dichoso por no haber
padecido en carne propia la guerra,
me ha sido suficiente
ver en alta definición el rostro
de un actor o un veterano
vencedor y abisal
        —de fondo los sollozos
de una viuda y sus huérfanos—,
para saber que los credos de hoy serán mañana
pretexto para nuevas asechanzas, baldía
sinrazón en unos
tanto como en otros.

No conozco la guerra, pero creo
saber sin esperanza
por qué y por quiénes siempre
nos sobrevive.

PUNTOS CARDINALES

Los cuatro puntos cardinales son tres: Este y Oeste.
Corrección a Huidobro

Si descuido mi mano sobre el papel
y divago en asuntos dizque ajenos
a escribir,
puede que la descubra
escribiendo hacia la izquierda
los aljamiados rasgos de un lenguaje
que sólo apunta mi índice y se archiva
con secular sigilo entre mis uñas —aljibe
     alambicado
de un alfabeto que crece
sin haberse concebido
y rasga bien sabiendo o sin saber
lo que mi mano hoy traza no hacia atrás
sino hacia la derecha, con derecho,
porque estáse en su casa. ¡Así, qué fácil!

Y me duele este duelo entre quien soy
y quien no pude haber nacido: algarrobo
               azotea
         almíbar
      dinar
maravedí,
y en confusión renazco en cada rasgadura
del azogue o instinto, cual velado
adalid del antiguo violador de Europa:
virgen fui a su desvelo, a su hábito, a su muy
iluminada sinrazón.

Y van
descuidos de mi mente,
trazos súbitos
barloventeando conversos
de popa a proa,
de este a oeste,
al azar o manual de mis dedos de vástago de paso,
de albacea paseando entre albañiles pasos —indiano
antes alarbe de la siria
alfombra del Caribe—,
mientras Razón se aísla
retrógrada y adusta
—alcázar o ataúd—
entre dos lunas ciegas por un viento
cruzado que aún naufraga
por mantenerlas mitad.

AUTORRETRATO

Turbias
aguas
empantanadas
por aluviones
y
derrumbamientos
de tierras y motivos,
charco insepulto, caldo
de bacterias sin nombre
bien conocidas por todos,
laguna o mar muerto, putrefacta
alcantarilla de huesos
fuliginosos
aunque albos,
es decir, yo:
tu semejante.

PIEDRAS

Quién diría que aquellas
formaciones rocosas
que pueden destrozarnos
de sólo un golpe
un ojo o la nariz,
serán mañana o fueron
ayer una arenisca
que cualquier viento
dispersa libremente
sobre la Tierra,
con la ácrata intención
de mostrarle al escéptico
tosco Pedrero
de mandarria y martillo,
mayores fuerzas
con que rehacer mejor
la vida, al deshacerla.

Carlota Caulfield

Flashes
(après Reverdy)

Là-haut un bruit de pas trotte de temps en temps.
Pierre Reverdy

CAFÉ MATUTINO

En el estante guardo una lata de café Illy. Adicción. El aroma es mezcla de tranquilidad en la mañana londinense, y los ojos se cierran satisfechos. Mejor que un beso. Se escucha un respirar agitado. La cafetera italiana toca música sacra. En el círculo de la soledad, las voces de la memoria. La taza a los labios, y el instante.

ROSTROS

Contra la imagen de la cámara digital, el ojo confundido. El abismo en un movimiento de la retina. Enfocar, juego de niños, es tarea difícil. Un rostro familiar se confunde con otro rostro de un caminante, y así otro, y otro, hasta que se pierden los números. Uno piensa en otra cosa, en ese otro alguien, y no oprime el click. La historia de su vida. Siempre. Ella está allí —todas las fotografías no tomadas quedan.

MAGRITTE Y SU PIPA

No hay nube espesa ni voz que suba al techo en el anillo de humo —santidad de la imagen. Lo que no es puede ser que sea y cuidado con los dedos. Otra vez el fósforo de cabeza burlona. Silencio. Y se extingue el tabaco, sigue el perfume, y el aire es cascada de sueños.

MÚSICO

La sombra, el músico (tú), la inmensa puerta que divide el espacio. Nosotros. Es su nombre un tintinear de cristal. Concierto de esas melodías acariciantes, extrañas. Me siento en el quicio de la puerta de nadie, aquella del cuadro. El oído agudiza su escuchar. Le gana a mi vista. Allá una ventana y aquí otra. El cielo sobre mi cabeza. Mis pies en una alfombra. Algunas notas se confunden, después se extinguen.

LIBRO DE LIBROS

Papel blanco acabado de hacer. Lo tocas y te vuelves parte de su textura.

La montaña es un libro cuyos héroes son palabras heridas por el viento. Al pasar las páginas, caen siempre al abismo.

Pulo el relámpago sobre la piel. A partir de un meticuloso hilvanar, nace un libro. Hay quienes se suben a él con un capítulo bajo cada brazo, otros llevan hasta cuatro.

Contra la pared la autora observa el mundo con ojos Reverdy. Lo sigue. Coda.

GUITARRA ELÉCTRICA

Hace calmo calor. La canción de hoy es la de ayer, de nuevo metida en la cabeza. Un movimiento de la mano y todo se detiene. El instrumento silencioso ahora reposa contra la pantalla de la lámpara. Una. Notas sordas. Melodía de silencio. Naturaleza muerta.

MUJER SENTADA

La alfombra roja frente a la chimenea es una trampa. La mujer sigue los cambios de su cara en un cristal del ventanal —¿es la luz de la luna la que baña mi butaca o es el ala de un murciélago? Así empieza la conversación. Los cristales de la ventana dibujan líneas entrecortadas, corte indefinido de todo perfil. Después de hablar varias horas. Después de haber sentido cierta esperanza de regresar a un punto de partida, ella desaparece en las rajaduras del techo. Una mano es signo de un allí. Su cara se define. Todo vuelve a la normalidad. Estar tranquilo es trazo de tinta y plata.

VIOLÍN

La gaveta abierta, la puerta del armario abierta, las manos acostumbradas a tocar la madera —los ojos bien abiertos, siempre, un eco aún vibra en nuestros oídos. El violín silencioso, pero los pies, escondidos bajo la mesa, siguen un ritmo. Las fronteras se confunden, las notas dispersas, todos los nudos de la trama sueltos más allá de un oído absoluto, y el silencio total. ¿Acaso existe?

ABANICOS PINTADOS

para A.B.

Estantes en paredes, hilera de manos, piernas por todas partes, ojos curiosos y rajaduras confundidas en tonalidades fulminantes, compás del que marca el paso cuando los observa. El mismo ritmo por horas. Quiere tocar el papel, la tela pintada, acariciar a las criaturas en su inquietud. Mira alrededor. Si no hay otra presencia, acercará la mano.

Alguien, no sabe quién, le habla desde un cuarto vecino, y él, que se creía el único visitante de la exposición. Pero en el salón algo pasa —se tapa la boca—, ya no hay abanicos.

LÁMPARA

Un vientecillo negro retuerce las cortinas, pero no desordena el papel ni apaga la lámpara.

Miedo repentino al sentir una presencia extraña. Entre los golpes constantes en la ventana y una puerta medio cerrada — ¡nadie! Sin embargo, sobre la mesa de papeles desordenados, una claridad inquietante en el cuarto vacío.

TABLERO DE DAMAS

La mirada curiosa queda detenida en una de las piezas blancas donde se posa una uña. Las piezas negras tienen a un contrincante atento al zumbido de una mosca. Estiro un brazo. Podría ganar la partida. Siento mareos. Murmullos sobre las dos figuras ahora atentas al próximo movimiento. Es verano. El ventilador del techo lanza sombras, y forma un claroscuro, pura fotografía que yo retrato.

SOPERA ANTIGUA

La sopera es un enorme globo terrestre sobre la mesa del comedor. Es un globo rajado por el uso, pero aún tiene una tapa, ahora levantada, y así para todos.

Y la cabeza gira de un lado al otro de la mesa. ¿Cuántos somos?

En un largo camino frente a todos nosotros, enorme, del olor al hambre, el corazón misionero se hace aún más generoso.

En la televisión, la guerra. Afuera, los niños inmigrantes.

SOBRES

El tiempo postergado y la apariencia de lo múltiple.
Y así llega la noche, círculo de caras desnudas. Perfiles sueltos
en la madrugada. Cerca de la estación del muelle la calma del río.
Gestos de transeúntes, y hasta un pájaro extraviado. Me doy cuenta
de los sobres en mi mano, no me han abandonado, ni mi destino,
escrito a dos destinatarios.

FRUTERO

Una mano, la cercana a la fruta pelada, parece un gancho dispuesto a ensartar su presa. Los dedos tienen un movimiento arácnido peculiar —dejan un trazo jugoso en el frutero. Gotas de un néctar sabroso.

La luz en los labios, los dientes en acto de morder, y el deseo pura explosión en los labios.

FUENTE

Entro en la habitación, distingo la sombra de un pico en la pared. Cierro las tijeras y el techo entra en un vaso. Todo sucede así. Espacios de color indefinido. El sofá hundido, marca humana y manchas en círculos. El agua cae lentamente, transparencia de la fuente, poco a poco, claridad y sensación de limpieza total. El ruido inaudible de la ciudad.

MACETAS DE ÁRBOLES ENANOS

Cortinajes murmurantes detrás de balcones a los que nadie sale. Siluetas en el atardecer vueltas muchas durante la noche. Hombres, mujeres, hasta un gato en la luz de un autobús, de pronto, reflejados tras hojas pequeñas y compactas, cabezas de árboles en macetas enormes. No se siente ningún perfume. Las fachadas altas y blancas.

MÁSCARAS

Detrás de la vitrina, en el museo, cuatro máscaras. El movimiento indiscreto de su mano hace que el cristal tiemble y las caras respondan afirmativamente a una pregunta lanzada al aire. Sólo una mujer a su lado. Breve estremecimiento del tiempo en ese ayer y este hoy. Afuera una lluvia ligera, y el mar multiplicado en imágenes y poemas contra una pared. Voz de W. B. Yeats. Nuevas voces entre el espejo y varias fotografías ya vistas, otras no. Vacío hacia adentro.

BOTELLAS

Las botellas en ventanas, jardín y mesas, a distancia de la vista y de las manos. Formas de esto y aquello, azul oscuro en cascada, y mientras, la luz del verano, allí en el pelo de una anciana. El corazón viaja más veloz que los ojos, detenidos en reflejos aquí y ahora. Varios caminos se unen y se bifurcan en pocas palabras. No se necesitan más palabras para entender lo posible.

RELOJ

En el aire sudoroso de las paredes una grata acidez como luz hacia el sueño.

Las paredes blancas erguidas. Una respiración lenta y la palabra no se oye. Un espejo con pliegues de dorados y azogue, y el viento que llega y ni siquiera encuentra su lugar. Ventanas satisfechas. Hay un corazón en el mundo donde el azar cambia su curso, y se deshace, y se engendra en manos sin destino. El mío se retrae.

Carlota Caulfield (CC)
Jesús J. Barquet (JJ)

Moradas

Celui qui n'accepte pas ce monde n'y bâtit pas de maison.
Henri Michaux

"Aquel que no acepta este mundo no construye aquí casa alguna."
Eco del mundo. Las casas están ocupadas por familiares y extraños.
De la primera fui expulsada por mí misma. Ventana abierta por
ruidos y muertes. La historia de una vida. Ir de casa en casa. Dicen
que la palabra hogar es un intervalo de silencios mientras se
contempla el fuego del vacío.

CC

SUEÑO

Es una casa.
La rodea, la aísla
un alto muro de concreto.
Entre el muro y la casa hay un pasillo
estrecho y peligroso
que en el sueño de anoche
apareció inundado
no por un diluvio reciente
sino por un agua inmóvil, pastosa,
cubierta de hojas secas e insectos putrefactos.

Y no sé cómo
de repente me vi nadando entre esas aguas:
bojear asqueado
sin luz ni aire
aquella casa
           que olvidé
decir que fue la de mi infancia.

JJ

Mis casas de la infancia fueron hoteles, una casa alta de pasillos vacíos, una casa estrecha de ventanas altas, un chalet modernista de varias habitaciones para mí sola. Después, la casa de las casas. Primera impresión: un jardín cubierto de enredaderas y estatuas. Segunda impresión: hemos entrado en nuestra casa. Tercera impresión: una luz contagiosa. Todo lo dicho en un grafiti hablador. La tinta invisible fue aquella voz adolescente atrapada entre varias capas de pintura.

CC

Si fuera a escribir un manual sobre cómo construir una casa ideal, escribiría primero la palabra casa y después la tacharía con trazos rápidos. Lo mejor sería desaparecerla poco a poco con la ayuda de una pluma de fuente: tinta azul. Así el azul podría volverse no sólo nostalgia en otra lengua, sino las tantas ventanas de aquella casa de mi adolescencia y juventud. O quizás tachar la palabra casa sea ahora un acto de desprendimiento de mi última casa, bella y decrépita. Aquella que me hicieron abandonar los poderosos. Aquella que quise abandonar porque sí.

CC

AGUAS DE TIEMPO

Me fui entre el agua,
volví en el viento:
mi llama busca
para nutrirse
tierra o sustento.

Sí, son aquellas
aguas de fuego
las que arrastraron
en su resaca
mis elementos.

Las mismas aguas
que ahora contemplo
desde lo alto
de la aeronave
irme en reverso.

Aguas en fuga,
aguas de tiempo
que insisten siempre
con sus oleajes
llevarme dentro.

Abajo se andan
yendo y viniendo:
de costa a costa
cual remolinos
buscan mi centro.

Y yo aquí arriba
siempre sediento
las voy dejando
que así me arrastren.
No me arrepiento.

Me fui entre el agua,
volví en el viento:
mi llama busca
para extinguirse
tierra o sustento.

JJ

Desnudo la casa. Me lleva siete meses despojarla de sus tantos disfraces. Mi casa, aquella morada de ventanales, terrazas y jardines de yerbas secas, era una casa rara. Hermosa, sin lugar a dudas. Llena de recuerdos, nadie lo niega. Fría e inhóspita en su reflejo. Los que llegaban a ella no creían en su ser despótico. Generosa ofrecía bebidas y alimentos. Acogía a todos. Hasta a aquellos extraños vueltos invitados por azar. Tenía rostro de mecenas renacentista. Fronteras desplazadas. Traspasar su enorme puerta de roble fue siempre perderse en un universo sin orden. Mis manos temerosas en su espacio. Multiplico por aposentos, cuartos, estancias, salas, habitaciones. Y ahí estaban los ojos bien abiertos —cámaras fotográficas, más veloces que nunca. Y siempre frío. Un frío insoportable, vientecillo mortal de día tras día tras día. Casa inhóspita.

CC

Siete meses recorrí sus espacios para despojarla de libros, pinturas, instrumentos musicales, muebles, objetos sin nombre, y lo más difícil, las raíces. Calentarlas en la boca. Traer a cuento cuentos, rumores y mentiras. Dirigirlas en palabras cortadas. No ordenarles sensatez, pedirles tacto. Todo lo necesario para la idónea medida del callarse. Así es. ¿A quién dirigir la palabra?

CC

ALERTA

Ladró hasta comprender
que no era yo un extraño,
que las puertas, los árboles,
las calles
me recordaban
aun sin estar al tanto
de mi regreso.

Mudos en su fijeza,
tal vez lo sospechaban,
                    pero el sabio
cachorrillo ladró
una profunda vez,
y para todos fue como un alerta.

JJ

Con agudeza destrabo la lengua y canto a mi capacidad de no aposentarme ni estar. Tengo muchas mañas, eso sí. Enhebro casa con vivienda con domicilio con residencia con mansión y con morada. Moradas. El verbo morar gusta de su complementario avecindarse. Acaricia la lengua. Es mordiente. ¿No es acaso permanecer la peor mordedura del ser que no habita en ninguna parte?

CC

Y así la casa. Vacía. Picada de huecos. Roída de ratas. Carcomida de vieja. Triturada por el abandono. Puro ripio. Dejé los techos con humedades. Las paredes, llenas de emplastos. Las maderas, quejándose de ausencias, del destierro de una biblioteca en cajas. Acorralada —toda la fragancia del papel. Disonancia.

CC

Me quité la costumbre del deterioro. El tiempo se descalabra. Por la noche, vulnerable, la casa perecía víctima de las ofensas. Perfiles desgajados: las pesadillas. Una y otra. En avalancha. Se perdieron en esquinas y rajaduras. Dieron qué hacer. En definitiva, también sufrieron de insomnio. Lamo mis heridas y las cierro. El nombre casa es el revés del destino. Si uno es vulnerable a casa, leo descalabrarse.

CC

De las entrañas la casa-árbol. Casa-entrañas. Vista y no vista. Soñada. Aquellas raíces desgarran, producen hemorragias de una sangre oscura, densa. Azulejos quebrados. Todo hecho trizas. Me gusta ese hacer que transforma en polvo para volver a erigir. Celebración de añicos. Destruir y derribar son verbos nefastos, pesadilla de los exiliados, los huérfanos y las víctimas de una guerra.

CC

MALECÓN

De día, un azulmarino
iridiscente.
De noche, un hoyo negro.

JJ

ÁRBOLES

mirando cómo creció este árbol.
Heberto Padilla

Presa fácil de ciclones esos árboles
que no se arriesgan nunca a dialogar
con el viento, cuando aún es caricia
y no flagelo arrollador…

—Árboles hay que nunca
he visto ni inclinarse levemente
al más acompasado ulular de los vientos,
y que acaban un día, sin embargo,
de raíz arrancados de la tierra
por cualquier incrédulo huracán.

Creídos de su trazo vertical contra el Tiempo,
del perímetro inválido en que se creen que crecen,
olvidan que también los hemos visto así: tirados
en las calles,
entorpeciendo el paso y la mirada
hasta obligarnos a quitarlos
sin piedad del camino.—

Los veo y reflexiono
en tanto que me tiendo
cuan largo soy sobre la hierba
que sólo en apariencia, bajo el peso
de mi cuerpo,
endeble a mí se pliega, sin quebrarse.

Árboles centenarios hay que nunca…

JJ

LÍMITES

Cada vez
una gota
        más,
hasta que se desborde
o se retire
        el vaso.

JJ

La casa siempre fue mi sombra. Los déspotas quisieron que me diera por vencida. Que agachara la cabeza. Que arriara su bandera. Tantos infortunios me trajo la casa. Tantos espectros aún rondándome. No me di por vencida. Eso sí, me sentí cansada, enferma. Algunas venas estallaron dentro de mí. También, mientras, a la casa se le reventaban las tuberías de agua, se le enredaban las raíces del patio. Moho creció en mi ser. Asco.

CC

Me rebelé. Resistí. Desobedecí. Pagué, pago el precio. Ellos, los míos, a mi lado, no entendieron por qué no grité públicamente. Mi mudez fue un arma doble de defensa. No escapé al ojo público. Masa espesa de abogados, jueces, papeles. Todo confundido. Yo sangrando. Literalmente perdiendo galones de sangre hasta quedarme anémica. Así viví por meses.

CC

Moradas: surcos en la piel. Mis casas: meras direcciones geográficas. Todas las escaleras, las habitaciones, los techos, el jardín en una escritura sin valor. Aquella, la primera, ataúd de muertos. Esta otra, toda una historia en un vaso de vino. Brindemos por tantos desgarrones. ¡A los andrajos de mi otra casa! ¡A la desgracia que no llega sola y siempre sale acompañada!

CC

Mudarse. Veo desfilar cajas y cajas de libros y objetos. Nunca más sabré de ellos. Cajas confundidas en un cuarto. No importa su identificación en rótulo claro. No volverán a abrirse. Vaya infortunio. Grito Catulo, Valente, Reverdy, Ajmátova, a ver si me oyen, a ver si se apiadan de mí. Necesito acariciar poemas, olfatear el perfume de algunas páginas escritas, indagar en lo que la memoria pudo borrar.

CC

La casa anterior a veces se impone. Asco. Rechazo el asco. Cuando creo recobrar la calma, llega el desorden. Vadeo el camino para no volver a verla. Abrieron huecos. Cortaron árboles. Despedazaron paredes. Franqueo el umbral. Ayer la soñé. Legado del previo ser, yo misma. Escribí en sus paredes: cautelosa, discreta, prudente: vomito.

CC

Corrosión interna y externa. Veneno del insatisfecho. Explosivo ácido de la palabra hiriente. Al fondo del tiempo, el tiempo. Una mancha en la pared, y el techo se desploma. Tenemos demasiados muertos. Aire pestilente de esas ciudades que amamos alguna vez, y aún amamos. La casa, esa, fue mi última ciudad.

CC

No sólo la casa fue minada por dentro. Sus habitantes la condenaron con maldiciones y desprecios. Crearon caos. Dicen que maldecir no cuesta nada. No maldije. La abandoné con mis ausencias. Mucho miedo el mío. Siempre. Contaminante, destructor desde adentro. Fui precoz en precisar el aguijón del envidioso. Leí a Gracián cada noche como antídoto al veneno. Sin duda arruiné mi sangre. Tantas pruebas del privilegiado. Creí y me equivoqué. El torturador quiso tener la mejor mansión y la recibió. Multiplicó los desalientos y los pleitos. Mientras yo era escombros, otros gobernaban. Derechos del criminal. Desfavor del rebelde.

CC

Doy forma a las manos, vacío los bolsillos. Las palabras ahogan. Pocas abren el apetito. Banquete sin mesa. Me siento en el suelo. Voy a caminar. Ofensa. Es algo momentáneo. Obligación del desterrado y del hambriento. No quedan servilletas. En ellas, garabatos de adjetivos y verbos.

CC

De pronto la expropiación y el saqueo. Aprendí a renunciar, a desposeerme. Toda huella perdió ardor, quedó arrinconada, sin ciudad. Fue entonces cuando observé la hermosa fuerza de mis manos heridas. Ellas sellaron un nuevo pacto de remolinos, galaxias y piedras. Después, la mirada: el nuevo espacio. El cuerpo, una vasija hermosamente fragmentada y polvorienta. Los sentidos en complicidad con el desierto. Así un umbral terracota: esta es mi casa.

CC

CASAS

para Ofelia y Eduardo

i

Ya no hay casa posible.
Si alguna vez hubo una
referencial y primera,
está ya en ruinas y no aguarda regresos,
ni huéspedes de paso todavía confusos
que lleguen tardos a escudriñarle el polvo
y no dejarla concluir en niebla
regañona, espesa, inhabitable.

La casa que se creyó
centro de mesa, fogón, un hormigueo
de voces y pisadas contra el tiempo y la Historia,
se cansó de esperar y ahora no es nadie, nada, ni
sombra de lo que fue
o entonces pudo haber sido.

Expulsados, molestos, inconformes,
uno a uno la fuimos abandonando
sin rubor ni techo adonde ir, en una errancia
mayor que aún no acaba
aunque se nos esté agotando ya la cuota
debida.

ii

Hoy,
ajena al ruido, asegurada
en cada rama y columna, llena de luz,
a salvaguarda de todo zigzagueo,
en otra lengua,
esta casa (sweet home) en la que vivo
podría sustituir —según muchos—
a la que el tiempo y la Historia
finalmente vencieron, podría
incluso
asemejarse a la del sueño,
pues noblemente me acoge, abre
sus cortinas al sol y a mis costumbres,
invita a los amigos y me dice confiada: "Esta
es
    tu casa".
        "Sí, el fruto
—le respondo yo—
de lo que no fue."

Y aunque entienda
que aquel hogar que soñábamos
no sea más que el sitio real en donde vivo,
bien sé que, en realidad
—roto y disperso el centro de mesa—,
no ya alguien,
ni siquiera esta casa
hoy
me espera.

iii

Así en el sueño la vi
por vez primera hace años convidarme
a sus recintos más breves,
protegerme del frío y las costumbres
ajenas, dejarme ser a voluntad
entre sus cuatro paredes —escudo
serme gentil a toda lluvia o nevada.

Segura de sí misma, noche a noche,
esa casa
extraña aunque habitable
regresa y me regala inédito un motivo
o me roba una hebra, un alfiler
agazapado en la memoria.
En cada sueño la veo
solícita pasearse por sus propios confines,
victoriosa aferrarse
a un rincón, a una almohada,
a un calor que se sabe ya, necesario.

Y a su sombra serena y fiel me veo
poco a poco habitándola,
cerca y lejos de todo, ella y yo solos, uno,
como viajeros cómplices de otra tarda decisión:
esa casa en el sueño
es la casa real en la que vivo.

JJ

TROCADERO 162

para Virgilio, de nuevo juntos allí, 2014

Hoy es museo
tu casa,
antes fragua y refugio
de la nación secreta.
                    Ordenados
están los libros y muebles
de tu naufragio, la alcoba
de tu infancia, el comedor
que a oscuras producía
"el mejor té de La Habana",
todo
lo que antes resultaba un entrevisto
desorden, un órfico misterio
del que surgías a la sala
sonriente y jadeante
a consumar tu cita
con la espera.

Hoy
a viva luz llego hasta el fondo
de la casa, fisgoneo en tus cosas,
en los innúmeros
óleos de las paredes, y encuentro
menos de ti que cuando,
fijo en la espera,
no requería traspasar el suficiente
espacio que en la sala
inaugurabas con tu insólita
risa de Orfeo que se sabe triunfante.

Museo es hoy
tu casa.
Mi guía es el recuerdo.

JJ

¿Y SI AL MORIR?

¿Y si al morir nos cortan
otra vez
las alas,

las manos?

JJ

MANOS

Allí está, me dice, y apunta hacia un recinto
sin paredes ni techo, frente al mar:
                              sólo columnas
de esperanza o certeza
a la espera de una futura construcción.

A medias desbrozado, de arena, el camino
que al recinto me lleva
es breve ya —la vejez
y la muerte son sus vecinas—
y por él me apresuro
sin fruto previsible, pues de nada
parece que valen
los clavos, los ladrillos,
la mezcla por urdir
que cargan estas manos
que con premura escriben
ahora aquí
la prisa necesaria, el salitre
trabajando la madera,
la fe que a veces tiene
fecha de expiración.

JJ

ÍNDICE

EDICIONES LA MIRADA

KATÁBASIS: SIETE VIAJEROS CUBANOS SOBRE EL CAMINO. Eds. Jesús J. Barquet e Isel Rivero. 80 pp. 2014. ISBN: 978-0-9911325-0-8.

En este libro, siete poetas cubanos nacidos en décadas diferentes (desde los años veinte hasta los años ochenta) y residentes en diversos puntos del planeta (Estados Unidos, Francia, España y Chile) interpretan poéticamente, en siete poemas largos, la experiencia de la diáspora y de la evolución histórica de Cuba a partir de 1959. Los autores incluidos son: Nivaria Tejera, Orlando Rossardi, Isel Rivero, Jesús J. Barquet, Damaris Calderón, Joaquín Badajoz y Yoandy Cabrera. *Katábasis* cuenta con ilustraciones de Justo Luis, pintor cubano radicado en Bélgica.

JJ/CC se terminó de imprimir el 8 de septiembre de 2014 en la ciudad de Las Cruces, Nuevo México, Estados Unidos de América.